MW01707910

Recettes inavouables

Responsable éditoriale : Brigitte Éveno
Principe de maquette et couverture : Nicole Dassonville
Adaptation et réalisation : Marie Vendittelli - Looping

© 2002, Hachette Livre (Hachette Pratique)

Recettes inavouables

Steven Ware
Illustrations Helen Cook

HACHETTE

Sommaire

L'inavouable au goût salé...

L'inavouable au goût sucré...

Annexes

Mea culpa mais le crime est si bon...

Introduction

Promettez que tout cela restera entre nous.
Les recettes qui suivent sont les plus impertinentes qui soient, tellement rapides, tellement faciles, tellement bon marché... que l'on n'ose à peine les appeler « recettes ».
Rien que l'idée ferait insulte à la profession.

D'ailleurs pourquoi parler de recettes si c'est ça qui dérange ?
Elles ressemblent bien plus à des formules magiques qui vous tirent d'affaire quand vous n'avez ni le temps, ni la tête, ni le budget à consacrer à un repas que vous voulez malgré tout un festin.

Côté cuisine l'équipement est aussi simple que le reste.
Pas besoin de cocotte ni d'ustensiles encombrants que l'on utilise deux fois l'an.
Un congélateur sera plus efficace qu'un simple bac à glaçons, mais on peut très bien faire sans.
Par contre, un petit effort, l'investissement dans un mixer est fortement recommandé pour certaines préparations.

Côté ingrédients, commencez par ouvrir vos placards.
Vous y trouverez bien des sachets ou des boîtes de survie : soupes en poudre, lait concentré, conserves de thon...
Dans votre réfrigérateur, une bière ou du coca, des restes, du fromage ou d'autres produits laitiers sans intérêt évident.
Ne vous fiez pas aux apparences, vous avez là tout un programme gastronomique en puissance.

Juste avant de servir, un dernier conseil...
Cachez ce livre et ignorez l'avoir jamais lu.
Ne l'offrez qu'à vos vrais amis — discrètement.
N'avouez jamais vos recettes inavouables.
Entourez-les de mystère et triomphez modestement, sans en dévoiler les ingrédients.
Ce zeste de malice est indispensable à la préparation.

Aspic d'asperges

Pour 4 personnes
4 œufs durs
1 sachet de gelée au madère
1 bol de mayonnaise
15 pointes d'asperges (400 g) en bocal, en boîte, fraîches ou surgelées

Le mot aspic ne fait pas du tout allusion à la vipère du même nom. « Plat froid à base de gelée », ici la texture de l'aspic et le goût raffiné de l'asperge sont d'une infinie douceur. Si vous utilisez des asperges blanches, en boîte ou en bocal, vous obtiendrez une mousse couleur... asperge blanche (tout aussi délicieux, mais chromatiquement fade). Nous vous recommandons les asperges vertes, fraîches ou surgelées, qui donneront à votre aspic la teinte élégante et originale qu'il mérite.

- Commencez par préparer les œufs durs et, pour ceux qui auraient oublié... c'est 10 min dans l'eau bouillante avec passage sous l'eau froide en fin de cuisson pour que les coquilles s'enlèvent facilement.
- Préparez la gelée au madère dans 1/4 de litre d'eau frémissante (au lieu d'1/2 litre comme indiqué sur le paquet).
- Passez au mixer les œufs durs, la mayonnaise, la gelée et les asperges.
- Versez la préparation dans un bac en plastique de la forme que vous voulez donner à votre aspic.
- Laissez reposer 3 heures au réfrigérateur.
- Démoulez sur un joli plat et servez bien frais.
- Touche personnelle : décorez l'aspic d'herbes fraîches (cerfeuil, estragon ou ciboulette) ou de petites pointes d'asperges miniatures (vendues en bocal).

Boeuf stroganov

Pour 4 personnes
600 g de bœuf
1 bocal (350 g net) de champignons (cèpes, de préférence) dans leur jus
2 verres de vin rouge
2 cuillerées à soupe de crème fraîche
2 échalotes
1 grosse noix de beurre
sel, poivre

Entorse à la traditionnelle recette russe : on ne fera PAS mariner le bœuf pendant des jours, puisque l'on vient à peine d'apprendre que les invités sont arrivés, et on évitera, pour les mêmes raisons, de passer 3 heures en cuisine à tout salir. Alternative rapide (25 min de préparation) et propre (une poêle) à une recette succulente qui mérite, avant tout, qu'on en mange plus souvent.

- Dans une poêle à bords hauts faites revenir les échalotes avec le beurre. Ajoutez les champignons et leur jus (très important), puis le vin rouge et laissez mijoter 20 min à feu doux. Le vin va progressivement disparaître en laissant aux échalotes et aux champignons une jolie teinte rouge. Réservez cette préparation dans un grand bol.
- Dans la même poêle, faites revenir le bœuf coupé en tranches. Lorsqu'il est cuit comme vous l'aimez (pas trop quand même), remettez la préparation échalotes-champignons dans la poêle. Ajoutez la crème fraîche ; salez et poivrez à votre goût.
- Servez bien chaud avec du riz.
- Touche personnelle : pour une présentation flamboyante aux couleurs d'automne ajoutez, en fin de cuisson, des fines lamelles de betteraves.

3 702261

Boudin parmentier

Pour 4 personnes
3 boudins noirs sous vide
1 sachet de purée en poudre pour 4 personnes
1 ou 2 pommes golden
2 ou 3 échalotes
1 noix de beurre
sel, poivre

Le boudin ne fait vraiment rien pour attirer les faveurs. Aspect noiraud pas folichon et fâcheuse tendance à se décomposer dans la poêle en fin de cuisson, c'est toujours avec mille excuses, et dans une joyeuse odeur de graillons, qu'on le voit sortir des cuisines, suivi de près par sa purée ratée qui a eu le temps d'attacher dix fois... Voilà une recette qui règle le problème : la cuisson du boudin restera dans l'intimité du four, vous pouvez tout préparer à l'avance — prendre une douche si vous voulez — et n'achever votre parmentier que quelques minutes avant de le servir.

- Au fond d'un plat à gratin, étalez les pommes coupées en tranches, le boudin coupé en rondelles et les échalotes hachées menues.
- Passez au four 30 min à 220 °C (th. 7).
- Préparez la purée comme indiqué sur le paquet.
- Recouvrez la préparation pommes-boudin de purée et repassez le plat au four (th. 4-5) jusqu'à ce que le dessus soit joliment doré (pour obtenir une belle couleur, étalez un jaune d'œuf sur la purée avant de remettre le plat dans le four).
- Touche personnelle : sur les pommes, au fond du plat, ajoutez 2 grosses cuillerées de compote et un peu de cannelle en poudre.

125g

Champignons aux fines herbes

Pour 4 personnes
12 gros champignons blancs de Paris
125 g de fromage frais aux fines herbes

Vous connaissez déjà ? On n'ose à peine vous la présenter mais si ce n'est pas ici qu'on en parle, alors jamais le champignon aux fines herbes ne trouvera sa place dans un livre de recettes. C'est vraiment trop injuste…

- Coupez les pieds des champignons à la base pour ne laisser que les chapeaux.
- Passez au mixer les pieds des champignons et le fromage aux fines herbes. Garnissez les chapeaux de cette farce.
- Passez le tout au four à feu moyen pendant 20 à 30 min (avec 10 min de gril en fin de cuisson, si vous voulez).
- Touche personnelle : un chapeau dessous, un chapeau dessus, et beaucoup de farce aux fines herbes entre les deux et vous obtenez de ravissants macarons. Cette variante-là, au moins, on en trouve encore qui ne la connaissent pas.

Côtelettes en bière

Pour 4 personnes
4 côtelettes de porc
1 bouteille de bière (33 cl)
2 grosses cuillerées à soupe de ketchup
1 gousse d'ail
2 oignons (ou 2 échalotes)
1 noix de beurre
sel, poivre

La « côtelette en bière » nous vient tout droit du *Far West* et a conquis nos cobayes de 7 à 77 ans. Alors n'ayez pas peur d'en servir aux enfants : après son passage au four, la bière est alcooliquement inoffensive et les moins d'1 m en redemandent. Pour les plus grands, qu'est-ce qu'on peut vous conseiller de boire avec ça ? Allez, devinez…

- Faites revenir l'ail et les oignons (ou les échalotes) dans une poêle avec le beurre, puis faites-y cuire les côtelettes.
- Dans un bol, mélangez la bière et le ketchup.
- Déposez les côtelettes dans un plat à bords hauts allant au four et recouvrez-les du mélange bière-sauce tomate.
- Laissez mijoter à feu doux (th. 5) pendant 30 min.
- Servez bien chaud avec du riz ou de la purée pour bien savourer la sauce.
- Touche personnelle : ajoutez des quartiers de pomme à la préparation avant de passer le plat au four.
- Variante : vous pouvez remplacer les côtelettes par du poulet et/ou la bière par du cidre.

Curry d'agneau

Pour 4 personnes
600 g d'agneau
1 boîte de lait de noix de coco (400 ml)
2 cuillerées à café de curry en poudre
huile d'arachide
1 sachet de pommes de terre précuites, sous vide
3 oignons
1 gousse d'ail
thym, sel, poivre

La recette idéale pour un dîner aux saveurs cosmopolites. Le curry a lui-même beaucoup voyagé, ses racines sont indiennes et c'est sous les tropiques que l'on trouve ses variantes les plus épicées. En ce qui vous concerne, pour éviter de dévoiler les origines inavouables de la version ici présente, prévoyez quelques petits piments en accompagnement. À table, vous verrez, la conversation culinaire se focalise toujours sur le piquant des choses.

- Faites revenir l'ail et l'oignon dans une poêle à bords hauts avec un peu d'huile d'arachide. Ajoutez un peu de curry en poudre et du thym. Mettez l'agneau à saisir 3 min dans la poêle. Versez-y le lait de noix de coco et les pommes de terre précuites. Laissez cuire à feu doux pendant 15 min minimum.
- Servez bien chaud avec du riz blanc.
- Touche personnelle : sur la table, disposez en accompagnement de votre curry des petits bols de raisins secs, des tranches de banane, des lamelles de poivrons rouges ou verts, de poudre de noix de coco, ou encore des piments...

Dip aux oignons gratinés

Pour deux bols
1 sachet de soupe aux oignons gratinés
1 kg de fromage blanc

Que peut-on faire d'inédit pour accompagner les éternelles tortillas d'apéro quand on veut éviter les classiques : mayonnaise, sauce tomate, ou les deux mélangées ? Et bien on mélange autre chose, et on se garde bien de dire quoi, parce que – dans le cas présent – l'un n'ira pas sans l'autre au salon.

- Attention : ne préparez pas ce plat trop longtemps à l'avance (soit 1 heure maximum avant l'apéritif).
- Dans un bol, mélangez le sachet de soupe avec le fromage blanc.
- Servez bien frais avec des tortillas ou autres chips mexicaines.
- Touche personnelle : remplacez les chips par des carottes et des concombres coupés en allumettes, ou encore des morceaux de chou-fleur, des tomates cerises, etc.

Foie gras en macaron

Pour 4 personnes
• 1 petite boîte de foie gras (ou des restes de foie gras) • 1 sachet de purée en poudre pour 2 personnes (ou 1/2 sachet de 125 g)
Pour la sauce : **• 4 champignons • 4 noix ou 2 cuillerées à soupe d'amandes effilées • 4 cuillerées à soupe d'huile d'olive • persil plat haché • sel, poivre**

Si l'idée vous dérange, si c'est la première fois, on ne vous demande pas d'acheter du foie gras exprès (quoi que…). On vous demande juste d'attendre. D'attendre l'inévitable cadeau d'une microscopique boîte de foie gras de la part de votre grand-tante qui vous crois toujours célibataire et sans amis. D'attendre les inévitables restes de fin d'année pas même recyclables en sandwiches ; ou les inévitables promos de janvier qui bradent le foie gras au prix du pâté. Pour le reste, faites-nous confiance : succès inévitable assuré.

- Préparez la purée comme indiqué sur le paquet avec un peu moins d'eau afin qu'elle ne soit pas trop liquide.
- Ajoutez le foie gras émietté, le persil haché et mélangez délicatement.
- Sur une plaque bien huilée, formez des macarons de purée au foie gras à l'aide d'une grosse cuillère.
- Passez au four à 150 °C (th. 5) pendant 10 min.
- Préparez la sauce en faisant revenir dans l'huile d'olive les champignons et les noix finement hachées ; salez, poivrez et ajoutez du persil selon votre goût.
- Sortez du four et servez tiède, en portions individuelles sur des petites assiettes, accompagné de sauce aux champignons.
- Touche personnelle : décorez les assiettes à votre guise avec des feuilles de salade composée, des noix, etc.

Gaspacho ou velouté de courgettes

Pour 4 personnes
4 courgettes
4 portions de Vache qui rit
1 bouillon de poule
1 oignon
sel, poivre

Interviewées sur leurs petits secrets de cuisine, les célébrités — de la politique ou du show-business — citent souvent cette recette à la presse, sous le ton de la confidence... Certains l'aiment chaud, certains l'aiment froid. Tiède ? Pourquoi pas. Certains l'aiment velouté, d'autres plus liquide. Bref, tout le monde aime, et à chacun son truc pour rester au vert et garder sa ligne de star toute l'année.

- Faites cuire les courgettes nettoyées puis coupées en gros morceaux dans 1 litre d'eau additionné d'1 pincée de sel et d'1 bouillon de poule (pour donner plus de goût).
- Passez au mixer les courgettes avec les Vache qui rit et l'oignon.
- Salez, poivrez et servez chaud en velouté, ou froid en gaspacho.
  À noter : vous doserez la consistance du gaspacho (ou du velouté) en utilisant l'eau de cuisson des courgettes.
- Touche personnelle : servez en ajoutant 1 cuillerée de crème fraîche et 1 pincée de noix de muscade.

Pour 4 personnes
100 g d'œufs de lump
1 boîte de guacamole
2 œufs durs
3 cuillerées à soupe de crème fraîche (1 petit pot de crème à 15 % de matières grasses)
1 échalote
le jus d'1 citron

Lump d'avocats

Quatre jolies couches superposées : la première est verte (les avocats), la seconde jaune (les œufs), la troisième blanche (l'immaculée crème fraîche), la dernière noire (les œufs de lump). Tellement beau, tellement bon... et assez nourrissant. Annoncez la couleur si vous servez ce lump en apéritif : il n'y aura pas d'entrée (niet). Vos convives pourront ainsi, sans complexes, s'en donner à cœur joie.

- Choisissez un plat à petits bords transparent pour une jolie présentation.
- La première couche à étaler au fond du plat est constituée du guacamole mélangé au jus de citron. Pour la deuxième couche, utilisez les œufs durs écrasés avec l'échalote hachée très fin. Étalez la crème fraîche en guise de troisième couche. Mettez le plat au réfrigérateur jusqu'au moment de servir (il faut juste que cela soit frais).
- Juste avant de servir, couvrez la préparation avec les œufs de lump. Ce plat se déguste en entrée, avec des toasts, ou à l'apéritif, avec des tortillas ou des chips à la crevette (petite surprise sonore à la clé avec ces dernières...).
- Touche personnelle : laissez aller vos talents artistiques en dessinant un motif avec des œufs de lump rouges, sur la dernière couche d'œufs de lump noirs.

Magret de canard à l'orange

Pour 4 personnes
600 g de magret de canard
2 cuillerées à soupe de confiture d'orange (amères, de préférence)
2 verres de vin blanc
4 oignons (ou 4 échalotes)
1 noix de beurre
sel, poivre

Mettez la barre très haut : « magret de canard à l'orange au menu ! ». Programme ambitieux, mais la recette en question (version inavouable) vous attirera assurément les respects gastronomiques de la Bourgogne tout entière.

- Dans une poêle à bords hauts, faites revenir les oignons avec le beurre.
- Saisissez une première fois le magret jusqu'à ce que sa peau brunisse sur ses deux faces, puis réservez-le sur une assiette.
- Dans la poêle, ajoutez aux oignons (ou les échalotes), la confiture et le vin blanc. Laissez mijoter à feu doux jusqu'à ce que le mélange roussisse joliment (ajoutez un peu de vin blanc si la confiture commence à caraméliser).
- Repassez le magret dans la poêle pour le cuire comme vous l'aimez : rosé ou à point. Servez-le chaud dans sa sauce.
- Touche personnelle : en fin de cuisson, faites revenir dans la sauce de fines tranches d'oranges.

Pour 4 personnes
2 boîtes de saumon
(ou de thon) au naturel
1/2 pot de mayonnaise
1 paquet de gelée
en poudre
2 cuillerées à soupe
de crème fraîche
1 cuillerée à soupe
de ketchup
sel, poivre

Mousse de saumon ou de thon

Voilà comment transformer vos misérables boîtes de conserve en une entrée diétético-raffinée, tendance fait-maison. Dans le ton en été comme en hiver, cette recette simplissime ne vous demande que 10 min de préparation et 1 petite heure au réfrigérateur.

- Préparez la gelée dans 1/4 de litre d'eau frémissante (et non 1/2 comme indiqué sur le paquet).
- Mélangez le saumon émietté, la mayonnaise, la crème, le ketchup et la gelée jusqu'à ce que la pâte soit bien lisse.
- Versez dans un récipient en plastique (de la forme que vous voulez donner à votre mousse) ou dans un joli plat (si vous désirez servir la terrine sans la démouler).
- Laissez reposer 1 heure au réfrigérateur.
- Démoulez (au besoin) et dégustez frais avec du pain de campagne.
- Touche personnelle : servez avec des crevettes roses décortiquées.

Poivrons savoyards

Pour 4 personnes
4 poivrons rouges
(ou jaunes)
2 portions de Vache qui rit
quelques fines herbes
sel, poivre

Un poivron, en Savoie ? Ça n'existe pas... Très bien, puisque c'est comme ça, n'allez pas chercher dans les alpages les origines de cette recette que l'on prépare (en douce) dans la France entière depuis la formidable invention de la Vache qui rit.

- Coupez les poivrons en deux dans le sens de la hauteur, ôtez leurs pépins et passez-les au four en papillotes pendant 20 min afin de pouvoir leur enlever facilement la peau.
- Garnissez-les de Vache qui rit, saupoudrez-les de sel, de poivre et de fines herbes.
- Repassez les poivrons ainsi garnis au four jusqu'à ce que le dessus soit bien doré.
- Touche personnelle : déposez un peu d'ail haché ou 1 filet d'anchois sur chaque poivron avant de les passer au four.

Poulet aux raisins

Pour 4 personnes
1 poulet rôti (ou des blancs de poulet surgelés)
2 cuillerées à soupe mayonnaise
2 cuillerées à soupe de chutney de mangue
1/2 citron pressé
1/2 cuillerée à café de curry en poudre
1 grappe de raisin vert sans pépins
sel, poivre

On l'appelle « *coronation chicken* » en Angleterre et « poulet à la king » entre nous. Ce plat d'origine indienne, au goût délicatement sucré-salé, est le héros de tous nos buffets froids. On essaie désespérément de développer une version moins *successful* qui nous permettrait d'avoir des restes le lendemain matin...

- Découpez la chair du poulet en petites lamelles et faites-les revenir 5 min dans une poêle afin qu'elles soient légèrement dorées.
- Ajoutez la mayonnaise, le chutney de mangue, le jus de citron, le curry et les grains de raisin coupés en deux. Mélangez le tout, salez et poivrez selon votre goût. Servez frais.
- Touche personnelle : ajoutez quelques fines tranches de mangue verte à la préparation.

Ramequins des bois

Pour 4 personnes
1 boîte de lait concentré non sucré
2 œufs
1 cuillerée de farine ou de Maïzena
1 gousse d'ail
2 cuillerées à soupe de persil plat, haché
150 g de champignons
sel, poivre

Avis à tous les moldus... le lait concentré non sucré est un ingrédient magique, s'il en est. Impossible de faire l'inventaire de toutes les combinaisons possibles qui permettent de transformer une boîte de « non sucré » en de délicieuses recettes salées, mais pour vous mettre sur la voie, les deux propositions qui suivent (« ramequins des mers » et « ramequins des bois ») sont de grands classiques des abracadabra gastronomiques inavouables.

- Mélangez tous les ingrédients dans un grand bol (dans l'ordre : les œufs, la farine, le lait, puis le reste).
- Versez la préparation dans des petits ramequins, un grand plat à soufflé ou un moule à cake.
- Passez au four à 180 °C (th. 6) pendant 20 min. Servez chaud.

Ramequins des mers

Pour 4 personnes
1 boîte de lait concentré non sucré
2 œufs
1 cuillerée de farine (ou de Maïzena)
1 grosse endive
120 g de saumon en boîte
sel, poivre

Idéal pour recycler des restes de poisson ou sublimer des conserves de saumon. Et, au cas où vous n'auriez pas saisi le truc, on insistera lourdement : le « ramequin des mers » c'est le « ramequin des bois » (voir recette précédente) avec ail et champignons en moins ; endive et saumon en plus. Puisqu'on vous dit que c'est pas compliqué...

- Mélangez tous les ingrédients dans un grand bol (dans l'ordre : les œufs, la farine, le lait, puis le reste).
- Versez la préparation dans des petits ramequins, un grand plat à soufflé ou un moule à cake.
- Passez au four à 180 °C (th. 6) pendant 20 min. Servez chaud.

Riz cola

Pour 4 personnes
2 verres de riz blanc
4 verres de coca
50 g de lardons fumés
2 grosses noix de beurre
2 cuillerées à soupe d'huile de tournesol
2 oignons
sel, poivre

Comme sa préparation l'indique, cette recette est une « inavouable » dont on vous a déjà demandé de ne parler à personne. Mais puisque l'on sait déjà que vous allez forcément craquer, devant l'air réjouit et rassasié de vos hôtes, on va quand même vous aider un peu pour la suite. Attendez que tout le monde ait presque fini sa première assiette pour lancer la question : « qui peut me dire ce qu'il y a dans le riz ? ». Laissez planer le doute aussi longtemps que vous voulez, personne ne trouvera (le goût du cola est méconnaissable en fin de cuisson). Vous les mettrez sur la voie en leur parlant de la boisson la plus vendue au monde ! « Du coca ? ! » C'est là qu'il faut les rassurer (c'est tout de même assez déroutant pour qui vient d'en avaler une assiette...), en leur parlant d'extraits végétaux : « Coca Cola c'est ça ».

- Dans une poêle à bords hauts, faites revenir les oignons finement hachés dans le beurre et l'huile de tournesol. Lorsque les oignons sont transparents, ajoutez le riz et les lardons. Faites cuire 10 min en mélangeant régulièrement pour que le mélange n'attache pas.
- Versez la boisson au cola, quelques feuilles de laurier, et laissez mijoter à feu doux jusqu'à ce que le riz ait absorbé tout le breuvage.
- Servez tel quel avec de la crème fraîche, ou en accompagnement d'une viande en sauce.

Soufflé de crabe

Pour 4 personnes
100 g de crabe en boîte
1/4 l de lait
40 g de beurre
30 g de farine (1 grosse cuillerée à soupe)
3 œufs
sel, poivre

Qu'il soit au fromage, au crabe ou à l'aubépine, un soufflé, c'est toujours la même angoisse : pourvu qu'il ne se dégonfle pas au dernier moment... On vous souffle le secret : battre les blancs en neige très ferme et ne pas sortir le plat du four dès que la pâte commence à gonfler (il est tout à fait normal qu'un soufflé double de volume pendant la cuisson). Un peu de patience : un soufflé bien cuit sera bien moins lâche que s'il garde le cœur tendre.

- Faites fondre le beurre dans une casserole, puis ajoutez la farine et mélangez bien. Versez ensuite le lait, mélangez de nouveau et laissez mijoter 5 min à feu doux.
- Hors du feu, ajoutez le crabe bien haché dans son jus et les 3 jaunes d'œufs.
- Battez les blancs en neige et ajoutez-les délicatement à la préparation. Versez cette dernière dans un moule à soufflé et mettez au four à 180 °C (th. 6) pendant 30 min.
- Touche personnelle : vous pouvez remplacer le crabe en boîte par des restes de poisson cuit.

1L

Tajine de poulet aux abricots

Pour 4 personnes
1 grande boîte d'abricots en conserve
1 sachet de soupe à l'oignon (en poudre)
du poulet pour 4 (cuisses et blancs surgelés ou précuits chez le boucher)

Quand un sachet de soupe à l'oignon rencontre du jus d'abricot en boîte, c'est la magie des *Mille et une nuits* au fond de la marmite. Si vous n'avez pas de tapis volant ni de plat à tajine pour passer à table, pas de panique — l'habit ne fait pas le moine — dans un grand plat à soufflé, votre poulet aux abricots n'en sera pas moins exotique.

- Déposez le poulet au fond d'un grand plat à bords hauts allant au four.
- Mélangez la soupe en poudre au jus des abricots et versez cette préparation sur le poulet.
- Faites cuire au four à 200 °C (th. 7) pendant 40 min.
- Ajoutez les abricots coupés en petits morceaux (le fait de garder les abricots en moitiés parfaitement rondes ne permet pas à la sauce de prendre aussi bien).
- Repassez au four, position gril, pendant 15 min avant de servir.
- Touche personnelle : ajoutez des noix de cajou dans la préparation.

Tartare de betteraves

Pour 4 personnes
1 sachet de 4 betteraves sous vide
1 grosse cuillerée à soupe de fromage frais aux fines herbes)
1 cuillerée à soupe de mayonnaise
3 cuillerées à soupe de persil plat haché
50 g de câpres
50 g de cornichons
Tabasco

Depuis que le bœuf est taxé de folie, le tartare a pris un coup dans l'aile. Le revoilà dans sa version « végétarienne » s'il en est pour ravir tous ceux qui ont rayé le steak de répertoire, et tous les nostalgiques de « rouge tout cru » que l'on relève, à sa sauce, à coups de Tabasco.

- Sur une planche, découpez les betteraves en petits cubes.
- Dans un saladier assaisonnez-les avec la mayonnaise, le fromage aux fines herbes et le persil plat haché.
- Servez bien frais dans un plat ou en portions individuelles sur de grandes feuilles de salade verte.
- Touche personnelle : pour donner à votre tartare de betterave un vrai statut « comme au bistrot » osez 1 jaune d'œuf de caille (l'œuf de poule serait indigeste) posé, dans sa coquille, au cœur de chacune des portions individuelles de betterave.

Pour 6 personnes
1 pâte brisée (230 g)
1 boîte de concentré de tomate (140 g)
1 petite cuillerée à soupe de moutarde forte
1 grosse cuillerée à soupe de crème fraîche

Tarte à la tomate

Cette tarte nous vient d'une amie de nos amies qui en confectionne à tour de bras tout l'été. À vous de maîtriser à la perfection dosages, variantes et temps de cuisson et vos tartes à la tomate seront assurément (presque) aussi bonnes que les siennes.

- Étalez la pâte, recouvrez-en un moule à tarte, couvrez le dessus de papier sulfurisé et faites-la cuire sur 15 min au four (th. 5-6).
- Dans un bol, mélangez le concentré de tomate, la moutarde et la crème fraîche.
- Versez cette préparation sur la pâte à tarte précuite et repassez le tout 20 min au four à 160 °C (th. 5).
- Servez chaud ou froid avec une salade.
- Touche personnelle : en fin de cuisson, ajoutez sur la tarte des olives noires, des filets d'anchois ou des tomates coupées en fines tranches.

80g
80g

Tartiflette au saumon

Pour 4 personnes
2 boîtes de pommes de terre en conserve (2 fois 530 g net)
250 g de fromage à la ciboulette
8 tranches de saumon fumé
4 cuillerées à soupe de crème fraîche
1 petit verre de vin blanc
beurre ou huile d'olive
sel, poivre

C'est avec de « vraies » pommes de terre (de Noirmoutier) et du « vrai » saumon fumé (à Noirmoutier) que naquit cette tartiflette des îles. On y a pris goût et, comme ça devenait compliqué d'aller chaque fois à Noirmoutier pour rassembler les ingrédients, il a fallu mettre au point cette alternative inavouable avec de « fausses » pommes de terre et du saumon fumé comme on en trouve partout… Un vrai délice !

- Nappez le fond d'un plat à gratin avec un petit peu de beurre ou d'huile d'olive.
- Étalez une première couche de pommes de terre coupées en fines lamelles, suivie d'une couche de saumon, puis d'une couche de crème et, enfin, d'une couche de fromage à la ciboulette. Renouvelez l'opération sur plusieurs niveaux jusqu'à épuisement des ingrédients (la dernière couche doit être une couche de fromage).
- Versez le verre de vin blanc avant de passer au four jusqu'à ce que le dessus soit bien doré.
- Servez chaud avec une salade verte.
- Touche personnelle : utilisez des vraies pommes de terre non cuites coupées en fines lamelles (attention, le temps de cuisson sera beaucoup plus long) ou remplacez le fromage par votre propre mélange de chèvre, échalotes et fines herbes revenus dans la poêle.

Terrine de lotte

Pour 4 à 6 personnes
1 kg de filets de lotte surgelés sans arrête
8 œufs
2 cuillerées à soupe de crème fraîche
1 petite boîte de concentré de tomate
1 court-bouillon de poisson
sel, poivre
Pour l'assaisonnement :
1 bol d'huile d'olive
cerfeuil haché à volonté

Ne faites pas l'impasse sur l'assaisonnement de cette succulente terrine de lotte : un bol d'huile d'olive dans lequel vous pourrez ajouter autant de cerfeuil haché que vous voulez, 1 goutte de vinaigre balsamique, sel et poivre. À vous d'essayer autre chose mais vous aurez sans doute du mal à trouver mieux.

- Faites cuire la lotte dans de l'eau avec le court-bouillon (comme indiqué sur le paquet, si vous utilisez des filets de lotte surgelés).
- Déposez la lotte cuite au fond d'un moule à cake.
- Recouvrez-la du mélange œufs, crème fraîche, concentré de tomate, puis salez et poivrez.
- Faites cuire au four (th. 6) dans un bain-marie pendant 50 min (au besoin, couvrez de papier d'aluminium pour que le dessus ne brûle pas).
- Servez bien frais avec l'assaisonnement réalisé à base de cerfeuil et d'huile d'olive, salé et poivré à votre goût.

Thon moret

Pour 4 à 6 personnes
2 boîtes de fromage frais
2 boîtes de thon au naturel (160 g)
quelques fines herbes
Tabasco
sel, poivre

Le jour où l'on vit Constance — pas vraiment branchée cuisine — insister pour s'occuper seule de l'apéritif, nous promettant monts et merveilles alors que le réfrigérateur était quasiment vide... on flaira l'inavouable à plein nez !

- Dans un bol, mélangez le thon et le fromage frais.
- Relevez la préparation à votre guise avec du sel, du poivre, du Tabasco et des fines herbes.
- Servez frais en apéritif, avec des chips ou des tortillas, en entrée, avec des œufs durs, ou encore dans des avocats coupés en deux.

EU 008/93/CCP
200g e

Pour 6 personnes
2 pâtes feuilletées
2 quenelles de brochet
1 bocal de moules d'apéritif assaisonnées (350 g net)
2 grosses cuillerées à soupe de crème fraîche
2 petites truites fumées sous vide (125 g)

Tourte aux moules

Les moules en bocal, ou « moules d'apéritif », sont rarement utilisées en cuisine, c'est bien dommage et tout de même assez surprenant. Vous ne serez pas insensibles au gain de temps non négligeable que vous offre un simple bocal sur la préparation du coquillage le plus casse-pied du monde. Et, avec le jus des moules, vous gagnerez, en prime, la base d'une délicieuse sauce qui parfumera vos tartes et tourtes de ce je-ne-sais-quoi qui les rendra parfaitement inimitables.

- Étalez la première pâte feuilletée sur un moule à tarte, piquez-la d'une fourchette et faites-la cuire 5 à 10 min au four (th. 5-6).
- Dans un bol, mélangez les quenelles coupées en petits morceaux, les truites coupées en fines lamelles et les moules dans leur jus (pas besoin de sel ni de poivre, l'assaisonnement des moules est déjà bien assez relevé).
- Versez la préparation sur la pâte et passez le tout 15 min au four (th. 5-6).
- Couvrez la tourte avec la seconde pâte feuilletée et repassez au four 20 min. Servez bien chaud.
- Touche personnelle : ajoutez du fenouil haché dans la préparation et, en fin de cuisson, badigeonnez la tourte d'1 jaune d'œuf pour lui donner de beaux reflets dorés.

350g

Brownie Laurence

Pour 8 personnes
1 boîte de lait concentré sucré (397 g)
125 g de noix de coco râpée
100 g de chocolat
1 paquet de 24 petits-beurre
125 g de beurre
30 g d'amandes (ou de noisettes) hachées

Si vous avez des doutes sur la capacité de votre mixer à réduire en mille morceaux un paquet de biscuits suivi d'une plaque de chocolat (c'est tout de même assez éprouvant du point de vue du mixer) : frappez les plaques et paquets (fermés, bien sûr) contre le bord d'une table pour concasser les ingrédients avant de les achever au mixer. Ce joyeux carnage préliminaire est très apprécié des enfants désireux mettre la main à la pâte.

- Passez au mixer les biscuits (préalablement écrasés) et le beurre (préalablement ramolli au micro-ondes).
- Étalez cette pâte de façon homogène au fond d'un moule.
- Passez au mixer le chocolat (préalablement réduit en petits morceaux), le lait concentré sucré et la noix de coco.
- Versez cette seconde pâte dans le moule et étalez-la de façon homogène sur la première couche de biscuits.
- Saupoudrez le tout des amandes (ou des noisettes) hachées.
- Faites cuire 30 min au four à 200 °C (th. 7) jusqu'à ce que le gâteau dore légèrement.
- Laissez refroidir avant de servir accompagné d'une crème anglaise.

Bûche de Noël

Pour 4 à 6 personnes
1 boîte de 500 g de purée de marrons non sucrée
125 g de chocolat
100 g de beurre
100 g de sucre glace

Si toutes les pâtes à gâteau ne supportent pas de se faire rouler en bûche, à l'inverse cette bûche de Noël peut revêtir toutes les formes que vous voulez. Pour ceux qui trouvent le roulé de bûche un peu ringard, ou tout simplement hors saison, nous vous recommandons la version « bombe noire » qui consiste à disposer la pâte en forme de grosse poitrine au beau milieu d'un joli plat et à recouvrir ce dôme protubérant d'un glaçage de chocolat noir avant de le passer au réfrigérateur jusqu'au moment de servir. Effet grand pâtissier garanti.

- Dans une casserole, faites fondre le beurre et le chocolat.
- Ajoutez la purée de marrons et le sucre glace. Mélangez jusqu'à ce que la pâte soit bien lisse.
- Laissez tiédir 10 min avant d'étaler cette pâte sur une feuille de papier sulfurisé.
- Une fois la pâte tiède, roulez-la en forme de bûche sur un plat et laissez-la reposer au réfrigérateur (3 heures, au moins) jusqu'au moment de servir.
- Touche personnelle : imitez l'écorce de la bûche à l'aide d'une fourchette et saupoudrez de cacao amer ou de sucre glace pour imiter la neige.

Gâteau express au chocolat

Pour 4 à 6 personnes
125 g de chocolat noir
125 g de beurre
125 g de noix de coco en poudre
125 g de sucre
50 g de farine
3 œufs

On dénombre environ 5 000 recettes différentes de gâteau au chocolat sans doute (presque) toutes aussi bonnes les unes que les autres. Pour éviter les options trop lapidaires (faites fondre le chocolat et servez) et les élaborations trop compliquées (à grands renforts de tamis, bain-marie, blancs en neige, etc.), nous vous proposons cette version (presque) instantanée de gâteau au chocolat.

- Dans une casserole, faites fondre le beurre et le chocolat. Ajoutez le sucre, la noix de coco, la farine et les œufs.
- Versez la pâte ainsi obtenue dans un moule à gâteaux et faites cuire deux fois 4 min au micro-ondes avec un arrêt de 5 min entre les deux (c'est important car le gâteau va cuire aussi à ce moment-là). Vérifiez la cuisson finale à l'aide d'un couteau (la lame doit ressortir humide). À noter : si votre micro-ondes n'est pas très puissant, ou si vous préférez votre gâteau plus cuit, vous pouvez ajouter 3 min de cuisson.

Gâteau aux pommes

Pour 8 personnes
1 boîte de lait concentré sucré (397 g)
4 jaunes d'œufs
150 g de farine (ou 130 g de farine et 20 g de noisettes en poudre)
10 cl d'huile
3 pommes

Sous ses airs de rien, cette recette vous ouvre la voie triomphale de tous les gâteaux aux fruits, à tendance hummm… clafoutis moelleux. Remplacez les pommes par des poires, des abricots, des cerises ou même des bananes et, selon le fruit élu, ajoutez à la préparation 1 goutte de calvados, de sherry ou de rhum.

- Mélangez dans l'ordre : les œufs, la farine, le lait concentré, l'huile et les pommes épluchées et coupées en dés.
- Versez cette pâte dans un moule à gâteau beurré ou recouvert de papier sulfurisé.
- Passez au four à 180 °C (th. 6) pendant 30 à 40 min.
- Touche personnelle : pour ceux qui aiment, ajoutez à la préparation un peu de cannelle en poudre.

Glace aux marrons

Pour 4 personnes
1 boîte de crème de marrons sucrée
1 boîte de lait concentré (non sucré)
100 à 200 g de chocolat noir

Trop simple pour être vrai et pourtant... il vous suffit de mélanger les deux ingrédients ci-dessus et le tour est joué. À ce prix-là vous pouvez même vous amuser à compliquer les choses en ajoutant, par exemple, des morceaux de châtaignes, de noisettes ou de chocolat avant de passer la glace au congélateur.

- Mélangez la crème de marrons et le lait concentré.
- Versez cette préparation dans un récipient en plastique de la forme que vous voulez donner à votre glace.
- Laissez le tout au congélateur pendant 4 heures au moins.
- Démoulez et servir avec du chocolat fondu.
- Touche personnelle : ajoutez un Carambar en petits morceaux ou quelques carrés de chocolat râpé à la préparation.

Marmelade d'oranges

Pour 6 pots de marmelade
10 oranges (si possible sans trop de pépins)
1 kg de sucre en poudre

Formidables cadeaux de Noël, ou délicieuses réserves de garde-manger, ces pots de marmelade d'orange sont d'une *English touch* absolument irrésistible.

- Nettoyez les oranges, coupez leurs entames et passez-les entières au mixer.
- Versez la compote ainsi obtenue dans une casserole et ajoutez le sucre. Mélangez bien et faites cuire 20 min au four à 160 °C (th. 5). Quand la marmelade est encore bien chaude, remplissez les pots de confiture et les refermez-les immédiatement de manière parfaitement hermétique.
- Touche personnelle : remplacez 1 des 10 oranges par 1 citron ou ajoutez 1 pincée de gingembre en poudre.

Opéra de Lucie façon Cécile

Pour 4 personnes
15 biscuits beurrés Nantais (pour 5 étages de 3 biscuits)
250 g de chocolat
1 tasse de café noir
1 petit pot de crème fraîche

Un monument de gourmandise. Tout ce que l'on vous demande, c'est de travailler proprement pour superposer des étages successifs de biscuits et de chocolat sur un joli plat et, au moment de servir, d'utiliser un couteau bien aiguisé pour révéler les fines strates blanches et noires de votre opéra.

- Faites fondre le chocolat à feu doux, puis ajoutez la crème fraîche. Mélangez pour que la pâte soit bien lisse.
- Disposez au milieu du plat une première couche de biscuits préalablement trempés (très rapidement) dans un bol de café noir tiède. Recouvrez le tout d'une couche de chocolat. Posez une deuxième couche de biscuits trempés dans le café, et ainsi de suite jusqu'à épuisement des ingrédients. Terminez par une couche de chocolat pour recouvrir le tout.
- Laissez reposer au réfrigérateur pendant au moins 3 heures, ou préparez cet opéra la veille afin qu'il soit bien compact.
- Servez frais accompagné d'une crème anglaise.

Pudding aux fruits rouges

Pour 4 personnes
4 grandes tranches de pain de mie blanc américain
3 cuillerées à soupe de sherry
300 g de gelée de fruits rouges (cerises, mûres, etc.) ou de gelée de coings
2 crèmes dessert goût vanille
3 kiwis
1 bombe de crème Chantilly

Le pudding : un grand classique qui veut dire tout et n'importe quoi puisqu'il signifie « dessert » chez les anglais et sous-entend « indigeste » pour les français. Cette recette du *sherry trifle,* que nous n'avons pas su traduire autrement que par « pudding aux fruits rouges », s'en remet à vous quand au choix des fruits en question : cerises, mûres, framboises...

- Faites fondre la gelée dans une casserole jusqu'à ce qu'elle devienne liquide.
- Découpez les tranches de pain de mie en lamelles de 2 cm de large et plongez-les dans la gelée liquide. Ajoutez le sherry.
- Disposez les lamelles de pain sur plusieurs couches au fond d'un plat à bords hauts (transparent de préférence) et versez dessus le reste de la gelée liquide. Étalez ensuite 1 crème dessert à la vanille, puis des lamelles de kiwis, et enfin la seconde crème dessert.
- Laissez reposer au moins 3 heures au réfrigérateur avant de servir le pudding bien frais, recouvert de crème Chantilly.

Roses en chocolat

Pour environ 30 roses
120 g de céréales (pétales de blé)
135 g de beurre
1 cuillerée à soupe de café soluble
200 g de chocolat
85 g de sucre glace

Ces petits rochers de céréales ressemblent vraiment à des roses prisent dans un magma de chocolat. Vous pouvez les préparer en quantité pour l'heure du thé, les présenter dans un grand saladier sur un buffet de desserts ou n'en faire que trois ou quatre pour décorer un gâteau.

- Dans une casserole, faites fondre le beurre et le chocolat avec le café soluble et le sucre glace.
- Versez les céréales dans un saladier et recouvrez-les de la pâte précédemment préparée. Amalgamez le tout délicatement pour ne pas casser les céréales mais bien les recouvrir de chocolat.
- Confectionnez des petits rochers et posez-les sur une plaque ou sur du papier d'aluminium.
- Laissez reposer au frais.
- Touche personnelle : servez ces roses dans un plat ou un saladier transparent avec des bonbons de toutes les couleurs (Smarties ou M & M's).

Pour un gros saucisson
200 g de chocolat
100 g de beurre
100 g de sucre glace
1 œuf
10 cubes de guimauve
150 g de biscuits secs type sablés ou petits-beurre

Saucisson d'anniversaire

Après les bonbons en forme d'œuf au plat, les cigarettes en chocolat et les sucettes au coca, si vous êtes encore disposés à vous en mettre plein les dents, voilà le saucisson à la guimauve. Une recette pour enfants sages, à consommer avec modération. Joyeux anniversaire !

- Faites fondre le beurre et le chocolat jusqu'à ce que la pâte soit bien lisse. Hors du feu ajoutez le sucre glace et l'œuf entier, puis les biscuits écrasés en petits morceaux et les guimauves coupées en dés.
- Versez la préparation ainsi obtenue sur une feuille de papier d'aluminium et repliez le papier de façon à donner à la pâte la forme d'un saucisson.
- Laissez reposer au réfrigérateur jusqu'à ce que le saucisson durcisse (comptez 5 heures, au moins, ou 2 heures au congélateur).
- Ôtez le papier d'aluminium et présentez le gâteau sur un plat ou une planche en bois comme un vrai saucisson, coupé en fines tranches.
- Touche personnelle : avant de couper le saucisson roulez-le dans de la noix de coco ou du cacao amer.

HARIBO

Soufflé aux marrons

Pour 4 personnes
1 boîte de crème de marrons sucrée
4 œufs
1 tasse de crème fraîche
1 petite cuillerée à soupe de sucre en poudre

Encore meilleur que les mousses de marrons que l'on achète par boîtes de quatre au rayon frais (c'est dire...), ce soufflé, servi de préférence tiède avec des langues de chat, donnera tout de même un peu plus de panache à votre dessert.

- Mélangez la crème de marron, la crème fraîche, les jaunes d'œufs et le sucre.
- Battez les blancs en neige et intégrez-les délicatement à la préparation.
- Passez le tout au four à 180 °C (th. 6) pendant 30 à 40 min.
- Servez tiède.

Suprême suisse

Pour 4 personnes
4 petits-suisses
4 œufs
2 cuillerées à soupe de rhum
4 cuillerées à soupe de sucre en poudre

Le « suprême suisse » c'est comme une belle piste de poudreuse : ça se mange frais (mais pas glacé) et ne se conserve pas très longtemps (au risque de voir les blancs en neige retomber). Pour le planté du bâton, les cigarettes suédoises sont vivement recommandées.

- Dans un saladier, mélangez le sucre, les jaunes d'œuf, les petits-suisses et le rhum.
- Battez les blancs en neige, puis ajoutez-les délicatement à la préparation précédemment obtenue.
- Versez le tout dans des ramequins (pour des portions individuelles) ou dans un joli plat.
- Laissez reposer au réfrigérateur 1 heure au moins jusqu'au moment de servir.
- Touche personnelle : saupoudrez d'un zeste d'orange ou de citron avant de servir.

20%
20%

Tarte au citron

Pour 6 à 8 personnes
1 pâte sablée
1 boîte de lait concentré sucré (397 g)
3 œufs
le zeste de 2 citrons
1 cuillerée à soupe de sucre glace

D'expérience, ceux qui n'aiment pas le sucré — les hommes, le plus souvent — font généralement une exception pour la tarte au citron. Allez savoir... Pensent-ils qu'un tel dessert — si compliqué à préparer — ça ne se refuse pas ?

- Étalez la pâte et garnissez-en un moule à tarte. Piquez le fond à l'aide d'une fourchette et faites précuire la pâte au four à 140 °C (th. 4) pendant 5 à 10 min (vous pouvez déposer un rond de papier sulfurisé sur le fond de tarte pour que la pâte ne monte pas).
- Pour préparer la crème, mélangez le lait concentré sucré, les 3 jaunes d'œuf et les zestes de citron.
- Recouvrez la pâte de cette crème et repassez le tout au four (th. 4) 5 à 10 min.
- Pendant ce laps de temps, préparez la meringue. Pour ce faire, battez les blancs en neige, incorporez 1 cuillerée de sucre glace et versez cette mousse sur la tarte.
- Faites cuire au four à 180 °C (th. 6) pendant 20 min.
- Servez tiède ou froid.

Tiramisu

Pour 6 personnes
15 biscuits à la cuillère
1 grand bol de café noir
1/2 verre de rhum
250 g de mascarpone
125 g de sucre en poudre
quelques cuillerées
de cacao amer en poudre
3 œufs

Il s'agit bel et bien de *LA* fameuse recette du tiramisu, inratable et intrinsèquement inavouable sans que nous ayons besoin de vous suggérer des chemins de traverse pour l'entreprendre. Décidément nos voisins transalpins avaient déjà tout compris.

- Trempez les biscuits dans le café tiède, puis disposez-les au fond d'un plat à bords de 5 à 10 cm de haut.
- Mélangez bien les jaunes d'œufs avec le sucre. Ajoutez le mascarpone et le rhum et mélangez de nouveau jusqu'à obtenir une pâte homogène.
- Battez les blancs en neige très ferme et intégrez-les délicatement à la préparation. Versez le tout sur les biscuits.
- Laissez reposer le tiramisu au réfrigérateur pendant 3 à 4 heures.
- Saupoudrez-le de cacao amer avant de le servir bien frais.

Pour 6 personnes
1 l de glace à la vanille (ou 1/2 l à la vanille et 1/2 l au caramel ou aux noisettes)
2 à 4 grosses meringues aux amandes
Pour la décoration :
crème Chantilly, quelques amandes ou noisettes pilées

Vacherin

Les jusqu'au-boutistes du vacherin utiliseront un plat à bords hauts pour superposer des couches de glace et de meringue qu'ils pourront facilement servir comme un gros gâteau. Les outsiders peuvent aussi mélanger, dans un grand saladier transparent, des boules de glace et des morceaux de meringue.

- Si vous utilisez un plat à bords de 5 à 10 cm de haut : alternez des couches de meringues (concassées) et de glace (un peu ramollie) et compactez bien le tout pour que le mélange soit le plus dense possible.
- Si vous utilisez un saladier transparent : mélangez de grosses cuillerées de glace et de gros morceaux de meringues sans chercher à les compacter.
- Laissez reposer le vacherin au congélateur et sortez-le 10 min avant de le servir. Recouvrez-le de crème Chantilly et saupoudrez-le d'amandes ou de noisettes pilées.

Meringue

annexes

Index par ingrédients

Table des matières

Apéritifs

Viande

Poisson

Légumes

Tartes et gâteaux

Mousses et soufflés

Glaces et desserts glacés

Gourmandises

Remerciements

Merci à Laurence, à Marta, à Cécile
et à tous ceux qui sont passés aux aveux
pour nous souffler leurs meilleures recettes.
Longue vie à nos cobayes.
Merci à toutes les marques et produits
sans lesquels ces raccourcis culinaires et autres
préparations inavouables n'auraient pu voir le four...

Imprimé en France par l'Imprimerie Moderne de l'Est
Dépôt légal : 19465 / mars 2002
23-27-6700-01/1
ISBN : 2-012-36700-3